CATALOGUE

D'UNE JOLIE COLLECTION

DE

DESSINS

ANCIENS & MODERNES

DES ÉCOLES

ALLEMANDE, ITALIENNE ET FLAMANDE

ET

Pour la plupart de l'École Française

DONT LA VENTE AURA LIEU

HOTEL DES COMMISSAIRES-PRISEURS

Rue Drouot, n° 5

SALLE N° 3, AU 1er ÉTAGE

Les Lundi 9 et Mardi 10 Février 1863

A UNE HEURE

Mᶜ DELBERGUE-CORMONT, Commissaire-Priseur,
rue de Provence, 8,

Assisté de **M. CLEMENT**, Mᵈ d'Estampes de la Bibliothèque
impériale, rue des Saints-Pères, 3,

Chez lesquels se distribue le présent Catalogue.

EXPOSITION PUBLIQUE

Le Dimanche 8 Février 1863, de 1 heure à 4 heures.

—

1863

CONDITIONS DE LA VENTE

Elle sera faite au comptant.

Les acquéreurs paieront en sus des adjudications, CINQ pour CENT, applicables aux frais.

Les attributions de l'amateur ont été conservées.

ORDRE DES VACATIONS

1re VACATION. — *Lundi 9 Février 1863.*

N° 1 à 200.

2e VACATION. — *Mardi 10 Février.*

N° 404.
Nos 201 à 403.

DÉSIGNATION

DES

DESSINS

—o—

1 **École française**. Quatre paysages, à la plume
et à la gouache.

2 **Boilly, Cochin, Hubert Robert**, etc. Cinq
croquis à la plume et au crayon, etc.

3 **Géricault, Delarue**, etc. Trois dessins à la
plume, lavés d'encre.

4 **Leclere, Demarne** (S.), etc. Six dessins à la
plume et à l'aquarelle.

5 **École française.** Quatre dessins, à la plume et
à la sépia, dont un de Desrais, 1780.

6 — Sept petits croquis, à la plume, etc.

7 **Gravelot, Baudouin.** Trois jolis dessins, dont
un à l'aquarelle.

8 **École française.** Huit dessins, dont le portrait
de Catherine de Russie, à la mine de plomb.

9 — Trois dessins, pour la manufacture de Sèvres,
à la plume, lavés de sépia.

10 — Trois portraits au crayon noir et à la plume.

11 — Cinq petits paysages, à la plume et à la gouache,

12 **Lebrun** (Mme), **Vernet** (C.), **Delarue**. Quatre dessins, à la plume et au crayon.

13 **École flamande**. Petit dessin curieux, du quinzième siècle, à la plume.

14 **Anonyme**. Dessin curieux sur la victoire remportée par Beauharnais, 1793, à la plume, lavé d'encre.

15 **École italienne**. Homme priant la Vierge de sévir contre la peste, dessin à la plume, lavé d'encre. Voir au verso.

16 — Trois dessins, à la plume, lavés d'encre.

17 **Cochin**. Portrait de Dancarville, à la mine de plomb.

18 **Duplessis**. Trois paysages avec animaux, à la gouache.

19 **Demarne**. Trois paysages, à la plume et à l'aquarelle.

20 **Canaletti**. Joli croquis, au crayon, lavé de sépia. Vue de ville.

21 **École italienne**. Femme portant une croix, dessin lavé de sépia, rehaussé de blanc.

22 **Wouvermans**. Deux cavaliers, dessin lavé d'encre et de sépia.

23 **Romain** (J.). Combat d'hommes, deux beaux dessins à la plume.

24 **Géricault**, **Demarne**, etc. Cinq dessins au crayon et à la plume.

25 **Sauvage**. Neuf petits médaillons avec enfants, dessins à la plume, lavés d'encre.

26 **École française.** Un baptême à bord, caricature de l'époque, dessin à la sanguine.

27 **Duplessis Bertaux.** Combat de cavalerie, etc. ,
trois dessins à la plume, lavés au bistre.

28 **Girodet.** Fac-simile. Portrait d'homme, au crayon
noir, estompé.

29 **Denon, Dietrich.** etc. Quatre portraits, dont
celui du peintre Sébastien Bourdon, à la sanguine.

30 **Baudoin,** 1747. Beau paysage, à la sanguine.

31 **École italienne.** Religieuse en extase, dessin
rempli de sentiment, à la plume, lavé de sépia.
Voir au verso.

32 — Courtisanes romaines, joli dessin à la plume ,
lavé de sépia.

32 *bis.* — Quatre dessins religieux, à la plume, lavé à
la sépia.

33 **Pérignon.** Trois vues prises à Venise, dessin à
la plume, lavé de sépia.

34 **École flamande.** Deux paysages, vue de rivage, à l'aquarelle.

35 **Werbrugghe,** 1784. Vue d'une promenade,
curieuse pour les costumes, dessin au crayon noir.

36 **Pillement.** Deux beaux dessins pour écrans, au
crayon noir.

37 **Leclerc** (S.). Dessin d'architecture, à la sanguine. Marque de collection.

38 **École italienne.** Belle étude d'homme pour
une statue, à la plume, lavé de sépia, marque de
collection.

39 **Le Pujet.** Grand beau dessin, pour monument
expiatoire, à la plume, lavé d'encre.

40 **J.-J. Baptiste**. Deux beaux dessins pour vases, à la plume, lavés d'encre.

41 **Lantara**, **Boilly**. Deux charmants dessins, à la plume et à la sanguine.

42 **Primatice, Tempesta**. Quatre beaux dessins, largement traités à la plume, lavés de sépia. Combat de cavaliers et sujets de l'histoire romaine.

43 **Boissieu** (de). Enfants jouant dans un parc, joli dessin, au crayon noir.

44 **Pater**. Charmante jeune fille jouant avec une guirlande, dessin lavé de bistre, rehaussé de blanc, encadré.

45 **Nicolle**. Quatre charmantes petites vues prises à Rome, une vue d'Heidelberg, et une vue de Madrid, aquarelle. Seront divisées.

46 **Lepautre**. Beaux dessins pour flambeaux, à la plume, lavés de sépia. Collection H. Hamal.

47 **Fragonard**. Jeune dame pinçant de la guitare, gracieux dessin lavé à l'encre et à la sépia.

48 **Leclerc** (S.). Deux dessins de vignettes pour l'histoire d'Angleterre, très-fins, à la plume, lavés de sépia. Marque de collection.

49 **Ostade** (A.). Intérieur d'auberge, au crayon noir.

50 **Duché**, 1777. Portrait d'une dame sous Louis XV, à la mine de plomb, sur velin. Charmant dessin.

51 **Lemoine**. La Vierge apparaissant à des bergers, beau dessin à la plume, lavé d'encre.

52 **Natoire**. Mars quittant Vénus, charmant dessin aux trois crayons.

53 **Moreau** le jeune. Druides sacrifiant sur un autel. Dessin à la plume, lavé d'encre.

54 **École allemande**, 1613. Scène mythologique.
A la plume, lavée d'encre, rehaussée de blanc. Ce
dessin est signé.

55 **Leclerc** (S.). Fête religieuse, procession. Dessin à la plume, lavé d'encre.

56 **Drouais**. Joli portrait de femme. Dessin aux
trois crayons.

57 **Fragonard**. Villageoises fuyant un commencement d'incendie. Dessin à la plume, lavé de sépia,
rehaussé.

58 **Lairesse** (Gérard de). Jésus prêchant. Beau dessin, largement traité, à la plume et à l'aquarelle.

59 **Toppfer**. Joli petit paysage. Peint sur carton,
très-fin.

60 **Drouais, Rigaud**. Deux portraits d'homme et
de femme. A la sanguine, rehaussé de blanc.

61 **Poussin** (N.). Enfants dansant une ronde. Beau
dessin à la plume, lavé d'encre bleue.

62 **Vigée Lebrun** (Mme). Portrait supposé d'un des
enfants du comte d'Artois. Au crayon noir.

63 **Fragonard** (H.). Allégorie sur le mariage. Joli
dessin à la plume, lavé de bistre.

64 — Intérieur d'une grange avec personnages. Beau
dessin à la sanguine.

65 **Rigaud**. Portrait d'un maréchal de France.
Beau dessin fini à la sanguine.

66 **Chardin**. Portrait d'enfant. Dessin aux trois
crayons.

67 **École italienne**. Jésus descendu de la croix,
soutenu par deux anges. Beau dessin qui rappelle
Van Dyck ; à la plume, lavé de sépia.

68 **Van Dyck** (A.). Petit portrait d'un gentilhomme. A plusieurs crayons.

69 **Lancret**. Croquis d'un berger. A la sanguine.

70 **Lesueur** (E.). Religieux priant, apparition de la Vierge. Beau dessin, habilement traité à la plume, lavé d'encre de Chine.

71 **Largillière**. Un goûter sous Louis XIV. Joli dessin à la plume, lavé d'encre.

72 **Robert** (Hubert). Soldats romains débarquant sur un rivage. Beau dessin à la plume, lavé de sépia.

73 **Le Barbier** (l'aîné). Joli paysage suisse. Beau dessin, très-fin, à la plume, lavé de sépia.

74 — Pendant du précédent.

75 **Ferrier** (F.), élève du Poussin. Sujet tiré de l'Histoire Sainte. Beau dessin qui rappelle son maître, crayon noir, lavé d'encre. Collection Richardson.

76 — Pendant du précédent.

77 **Rembrandt, Carrache**. Trois petits dessins à la plume, celui de Rembrandt se trouve au milieu.

78 **Guardi**. Vue d'un pont. Dessin d'un bel effet à la plume, lavé d'encre de Chine.

79 **Fragonard**. Enfant endormi au milieu de femmes. Dessin au crayon noir, collection Richarson.

80 **École italienne**. Triomphe de Bacchus. Petit dessin spirituellement traité à la plume, légèrement lavé de sépia.

81 **Breughel** dit **de Velours**. Vue d'un village
avec personnages. Curieux dessin à la plume, lavé
d'encre de Chine.

82 **Bega**. Belle étude de femme. A la sanguine.

83 **Cochin**. Caricature historique sur le parlement
de ~~Louis~~ XIV. Beau dessin à la pierre noire. Marque de collection.

84 **Oudry** (J.-B.). Singes jouant aux cartes. Charmant dessin à l'aquarelle.

85 — Le concert. Pendant du précédent.

85 *bis* Deux dessins ; miniatures du xvi⁰ siècle sur
vélin, seront divisées.

86 **Rosalba** (La). Charmant petit portrait d'une
dame de la cour. Dessin au pastel non terminé.

87 **Latour**. Beau portrait d'homme, non terminé,
au pastel.

88 **Murillo** (E.). Cardinal implorant la bénédiction
de la Vierge. Beau dessin rempli de sentiment,
à la plume, lavé de sépia.

89 **Van der Meulen**. Étude au pinceau d'un cavalier qui se trouve dans un tableau de ce maître au
Musée du Louvre.

90 **Watteau** (A.). Quatre dessins remplis de vérité,
avec un autographe de ce maître au bas. Aux trois
crayons.

91 **Pater**. Une partie musicale. Charmante composition au crayon noir, rehaussé de blanc.

92 **Van Dyck** (A.). Portrait d'un gentilhomme du
temps rempli d'expression. Beau dessin aux trois
crayons ; collection Richardson.

93 **Rubens** (P.-P.). Portrait de Maximilien, archi-
duc d'Autriche, où l'on retrouve toute la vigueur
de ce grand peintre. Dessin au crayon noir, lavé
d'encre ; il est gravé par Soutman.

94 **Boucher** (F.). La chaste Suzanne se défendant
contre deux vieillards. Ce dessin est d'une grande
pureté de formes, à la plume, lavé de sépia.

95 **Michel-Ange** (Buonaretti). La mise au tombeau.
Beau dessin expressif, à la plume, lavé de sépia.

96 **Caravage** (Polydore de). Beau dessin de vases
ornementés avec buste de femme, rehaussé de
blanc ; l'eau-forte de ce maître accompagne le
dessin.

97 **Romain** (J.). Escorte de soldats romains. Beau
dessin d'une grande vigueur, au bistre, rehaussé
de blanc.

98 **Gillot** (Claude). Jeune femme se regardant de-
vant un miroir. Ce dessin du maître de Watteau
est très-beau et bien conservé, à la sanguine.

99 — Scapin minaudant la main sur la garde de son
épée. Pendant du précédent.

100 **Cousin** (Jean). Religieux implorant la Vierge.
Beau dessin à la plume, lavé d'encre bleue.

101 **Fragonard** (H.). Femme assise. Beau dessin,
lavé à la sépia.

102 — Beau dessin religieux fait à Rome comme l'autographe l'indique. Sanguine.

103 **Vanloo** (C.). Scène mythologique. Beau dessin
d'une grande vigueur, à la plume, lavé de sépia;
collection Mouriau.

104 **Holbein** (H). La descente de croix. Beau dessin du commencement du XVIe siècle, lavé d'encre bleue, rehaussé de blanc; il est bien conservé.

105 **Rubens** (P.-P.). Lettre autographe de ce grand artiste avec deux petits dessins à la plume.

106 **Teniers** (D.). 1634. Homme coiffant un soldat. Dessin sur vélin à la sanguine.

107 **Van Dyck** (A.). Portrait d'un gentilhomme à cheval. Lavé d'encre, rehaussé de blanc ; il est un peu fatigué. Collection Richardson.

108 **Michel-Ange** (Buonarotti). Trophée d'armes romaines. Dessin d'une grande vigueur, à la plume, lavé de sépia.

109 **Berghem** (N.). Belle étude de vaches. Dessin vigoureusement traité; il est peint sur carton.

110 **Martin de Vos**. 1581. Vaincus implorant la pitié du vainqueur. Dessin à la plume, lavé de sépia. Marque de collection.

111 **Vernet** (Joseph). Vue prise d'un port de mer. Aquarelle d'un bel effet.

112 — Deux études de vaisseaux. Lavées à l'encre, rehaussées de blanc.

113 **Boucher** (F.). Charmante tête d'enfant. Beau dessin à la sanguine.

114 **SaintA-ubin** (Gabriel de). Joli portrait d'une jeune fille. Aux trois crayons.

115 — Scène de la Comédie-Française. Charmante gouache.

116 **Vernet** (Carle). Les Marionnettes. Beau dessin à la plume et à l'aquarelle.

117 **Moreau** (Louis). Le Parc de Saint-Cloud, avec personnages. Charmante gouache.

118 **Ruysdael** (J.). Beau paysage à la plume, légèrement lavé d'aquarelle. Marque de collection.

119 **Beaudoin**. La Mauvaise nouvelle. Belle gouache
encadrée.

120 **École italienne**. Martyre de saint Laurent.
Dessin habilement traité à la plume, lavé d'encre.

121 **Isabey**. 1817. Joli portrait miniature d'une Suissesse. Aquarelle.

122 **Carême**. Bacchus et l'Amour. Charmante petite
gouache.

122 *bis* **Klingstel**. Miniature représentant un sujet
musical.

123 **Gérard** (baron). Charmant portrait d'une jeune
femme. A l'estompe.

124 **Cochin**. Bombardement d'une ville. Dessin très-
fin, à la sépia.

124 *bis* **Moreau le jeune**. Portrait de Marie-Antoi-
nette dans un médaillon soutenu par des amours
et des grâces A la plume, lavé de bistre. Il est
signé.

125 **Gros** (baron). Mariage du duc de Berry. Esquisse
à la plume et à la sépia.

126 **Girodet**. 1816. Beau portrait d'un Enfant. A
l'estompe.

127 **École flamande**. Joli portrait d'une dame de
la cour de Louis XIII. A la plume, lavé à l'aquarelle.

128 **Coypel**. Joseph et Putiphar. Gracieux dessin à
la gouache. (*Voir au verso la notice.*)

129 **Drouais**. Toilette d'une dame au XVIIIe siècle.
Dessin au crayon, lavé de sépia et rehaussé.

130 **Fragonard** (H.). Soldats romains causant sur des débris de monuments. Dessin vigoureux à la plume, lavé de sépia.

131 — Paysans en fête. Sépia, rehaussée de blanc.

132 **Boissieu**. 1796. Trois petits portraits. A la mine de plomb.

133 **Fraser** (C.), peintre américain. Portrait de W. Monltrie, ex-gouverneur de la Caroline. Dessin très-fin, lavé d'encre de Chine.

134 **Huet**. Quatre jolis dessins de fleurs et de fruits. A l'aquarelle.

1:4 *bis* **Klingstel**. Miniature représentant un satyre et une femme.

135 **Girodet**. Première pensée. Esquisse du tableau *le Déluge*, qui se trouve au musée du Louvre. Dessin crayon noir.

136 **Huet**. Charmant intérieur de ferme, avec femme et enfant. Plume et aquarelle.

137 — Deux petits médaillons. A la plume et Sépia.

138 **Caravage** (Polydore de). Femme représentant la Justice. Beau dessin, lavé de bistre et rehaussé de blanc.

139 **Tiepolo**. Dessin mythologique. A la plume, lavé de sépia.

140 **Eisen**. Belle vignette, à la mine de plomb. Dessin pour l'ouvrage de *la Henriade*,

141 — La Partie de natation, avec beaucoup d'enfants. Dessin charmant, à la plume, lavé de bistre.

141 *bis* **Leroy** (S.). Portrait de religieuse. Aquarelle.

142 **Van de Velde** (G.). Petit combat naval, très-fin. Dessin à la plume, lavé d'encre de Chine.

143 **Van Goyen** (J.). Charmant petit paysage. Dessin à la plume, lavé d'encre de Chine.

144 **Lawrence**. Deux amants dans un jardin. Gracieuse gouache.

145 **Prochler K. Hoff**. Écusson sur vélin, avec un petit portrait historique dans le haut. Belle gouache du XVIe siècle.

146 **Borel**. 1796. Une Noce villageoise, curieuse pour les costumes. Dessin à la plume et à l'aquarelle.

147 **Debucourt**. Charmant petit dessin pour vignette. A la sépia.

148 **Greuze**. Le Retour du Soldat. Belle esquisse aux deux crayons.

149 **Drouais**. Portrait de la tragédienne Raucourt. Sanguine.

150 **Vincent** (B.). Six dessins pour costumes, pris à Rome. A l'aquarelle. Seront divisés.

151 **Fragonard**. Portrait d'acteur de la Comédie-Française. Belle sanguine.

152 — Beau paysage avec escalier conduisant à un parc, et personnages. Dessin au crayon noir.

153 **École italienne**. Curieux combat d'hommes. A la plume, lavé de sépia. Marque de collection.

154 **Boucher** (F.). Dessin pour dessus de porte. Crayon noir rehaussé.

155 **Isabey**. Portrait d'une dame et d'une jeune fille. Au crayon noir estompé. Deux pièces.

156 **Cochin**. Louis XV armant le Dauphin. Joli dessin à la plume, lavé d'encre. Encadré.

157 **Moreau** (le Jeune). Partie de pêche au xviiie siècle, avec nombreux personnages. A la plume, lavé de sépia.

158 **Huet**. Petit berger faisant danser son chien. Jolie gouache. Encadrée.

159 **Tiepolo**. La Vierge et l'enfant Jésus. Dessin à la plume, lavé d'encre.

160 **Latour**. Jolis portraits d'homme et de femme. Crayon noir, rehaussé de blanc.

161 **Durameau**. Une soirée au xviiie siècle. Dessin à la plume, lavé d'encre.

162 **Demarne**. Beaux paysages à la plume, lavés d'encre de Chine. 2 pièces.

163 **Silvestre** (Israël). Petite vue prise à Florence. A la plume, lavé d'encre.

164 **Lagrenée**. Vestales. Beau dessin à la plume, relevé d'aquarelle; sous verre.

165 **Dietrich**. Étude d'un turc. A la sanguine.

166 **Bachelier**. Groupe d'enfants. A la sanguine.

167 — Pendant du précédent.

168 **Pannini**. Intérieur d'un musée et d'un temple. Dessins à la plume, lavés de sépia. 2 pièces.

169 **Huet**. Deux paysages bien exécutés. Dessins à la plume et aquarelle.

170 **Fragonard** (H.). Joli dessin pour dessus de porte. A la plume, lavé de sépia.

171 **Coningh**. Portrait de Cromwell. A la plume.

172 **Mallet**. Portrait d'une dame, costume de l'Empire. Aquarelle.

173 **Saint-Aubin** (Auguste). Charmante scène du xviiie siècle, fête dans un parc. Dessin à la plume, lavé d'encre.

174 **Coypel**. Hommes et femmes. Croquis à la sanguine.

175 **Leclerc** (S.). Portrait de saint Louis. A la plume noire.

176 **École française**. Charmante tête de femme rappelant Watteau. Aux deux crayons.

177 **Drouais**. Joli petit portrait d'une dame du XVIII° siècle. Trois crayons.

178 **Massé**. Peintre miniaturiste du roi Louis XV. Deux portraits de femme, dont un sur vélin, crayon noir et rouge.

179 **Gravelot**. Enfants jouant avec une voiture, et à la pêche. Charmant éventail à la plume, lavé d'encre de Chine.

180 **Anonyme**. Deux dessins pour meuble, à l'aquarelle. Très-fin.

181 **Alonzo-Cano**. Prêtre tenant un enfant par les cheveux. Dessin à la plume, lavé d'encre.

182 **Choffard**. Deux jolis dessins pour cul-de-lampe. Au crayon noir, lavé d'encre, ils sont gravés.

183 **Sallambier**. Petit dessin pour écran.

184. **Lepotre**. Belle composition d'un vase, avec femmes. Dessin à la plume, lavé d'encre.

185 **Watteau de Lille**. Portrait de dame, costume de Louis XVI. Aux trois crayons.

186 **Lepotre, Pillement, Sallambier**. Dessins pour cartouche, panneau, écrans. A la plume et au crayon. 5 pièces.

187 **Saint-Aubin** (Aug.). Joli portrait de jeune femme. Aux deux crayons.

188 **Ecole de Prud'hon**. Petit dessin pour vignette. Charmant d'effet, crayon noir, rehaussé
de blanc.

189 **Lagrénée, Huet**. Deux portraits de femme.
Pastel et crayon.

190 **Granet**. Intérieur de souterrain d'un bel effet.
Dessin lavé de bistre.

191 **Ozanne**. Deux vues de ports de mer. Dessins à
la plume, lavé d'encre.

192 **Casanova**. Moutons et vaches dans un champ
avec personnages. Beau dessin sur papier teinté,
rehaussé de blanc.

193 — Pendant du précédent.

194 **Swebach**. Épisode militaire sous l'Empire. Deux
jolis dessins à l'aquarelle.

195 **Bouchet, Prud'hon**. Un dessein pour écran.
Crayon noir rehaussé, et un amour au crayon noir,
lavé d'encre. 2 pièces.

196 **Desfriches**. Joli petit paysage. A la mine de
plomb.

197 **Martin**. Engagement de cavalerie et marche
d'infanterie. Deux jolis dessins, à la sépia.

198 **Moreau** (L.). Promenade dans un parc. A la
mine de plomb et à l'aquarelle. Très-fin.

199 — La partie de pêche. Pendant du précédent.

200 **Duplessis-Bertaux**. Groupe de soldats. Croquis au crayon, lavé de sépia.

201 **Ecole française**. Charmante vue d'un château
de France au XVIII° siècle, avec cavaliers. Dessin à
l'aquarelle.

202 **Rubens** (P.). Deux charmantes têtes de femme.
Au crayon noir.

203 **Mallet**. Servante habillant sa maîtresse. Belle gouache.

204 **Pater**. Joli petit dessin d'un camp militaire. A la sépia.

205 **Picard** (B.). 1716. Moine et religieuse. Dessin à la plume, lavé d'encre.

206 **Lebrun-Vigée** (Mme) Mère avec ses deux enfants. A la plume, lavé d'encre et rehaussé de blanc. Bien groupé.

207 **Delarue**. Sacrifice à l'amour. Dessin très-fin, à la plume, lavé d'encre.

208 **Picard** (B.) Assemblée de moines dans un jardin. Dessin à la plume, lavé d'encre

209 — Moines à l'étude, pendant du précédent.

210 **Huet**. Joli paysage très-fin avec personnages. Dessin à la plume, lavé d'encre.

211 **Vanloo** (C.). Femme debout, tenant un cœur dans la main. Dessin vigoureux à la sanguine.

212 **Berghem**. Beau croquis. Lavé d'encre de Chine.

213 **Lallemand**. Vue de la ville de Joigny. Aquar.

214 **Lebrun**. Joli dessin de plafond. Bien traité, à la plume, lavé de sépia.

215 **Hobbema**. Paysage au bord de l'eau. Dessin à la plume, lavé d'encre.

216 **École Française**. Beau dessin pour l'Histoire Sainte. A la plume, lavé d'encre.

217 **Carême**, **Della Bella**. Homme et femme, danse de satyres, dessins à la plume et crayon, provenant du cabinet Peyron.

218 **Parmesan** (Le). Femme et ses deux enfants. Dessin très-fin, à la plume, lavé de sépia. Voir au verso une vue de ville.

219 **Bloemaert** et **Anonyme**. Jolis croquis. A la plume, lavée d'encre. Episode de la Saint-Barthélemy, et un enfant; quatre pièces.

220 **Lancret**, **Boissieu**. Charmants croquis d'une grande finesse, sanguine, aquarelle et sépia; deux pièces.

221 **Corneille** (T.) Adoration des mages. Dessin fini à la plume, lavé d'encre.

222 **Gravelot**. Joli dessin pour vignette. A la plume, lavé de bistre.

223 — Joli dessin pour vignette. A la plume, lavé d'encre de Chine.

224 **Jouvenet**. La Naissance de Jésus et l'Adoration des mages. Dessins à la plume, lavés d'encre.

225 **Vincent** (B.). Une rue à Rome avec personnages. Aquarelle d'après nature.

226 **Cochin**. Joli dessin. A la plume, pour titre de livre.

227 **Eisen**. Petit dessin pour vignette. A la plume, lavé d'encre.

228 **Callot** (J.). La Descente de croix. Petit dessin, habilement teinté à la plume et sépia.

229 **Giovani da Udine**. Vestales et soldats. Petit dessin à la plume et sépia.

230 **Cauginge** (le). Etude d'enfants. A la plume, collection T. Hudson.

231 **Saint-Aubin** (G. de). Paysans attendant l'ouverture d'un marché. A la gouache.

232 **Beauvarlet**. Gracieuse tête de femme. Au crayon noir.

233 **Debucourt**, 1789. Portrait d'une dame. A l'a-
quarelle.

234 **Prud'hon** Trois petits dessins. A la plume.

235 **Leclerc** (S.). Dessin pour livre. A la plume, lavé
d'encre.

236 **Swebach**. Beau paysage avec chasseurs. A la
gouache.

237 **Duplessis - Bertaux**. Combat de cavalerie.
Dessin à la plume, lavé de bistre.

238 — Combat. Pendant du précédent.

239 **Tempesta**. Portrait d'un prêtre. A la pierre
noire. Collection J. Dupan.

240 **Sylvestre**. Petites vues de villes. Très-fin. A la
plume.

241 **Leclerc** (S). Sujet d'histoire. A la sanguine.

242 **Desfriches**. Joli paysage, mine de plomb.

243 **Anonyme**. Etude d'arbre. Peinte sur papier,
très-fin.

244 **Natoire**. Quatre têtes d'étude. Aux trois
crayons.

245 **Châtelet**. Vue du mont Etna, en Italie. Belle
aquarelle.

246 — Vue de Messine. Pendant du précédent.

247 **Watteau** (de Lille). Plusieurs costumes. A la
plume, lavé d'encre.

248 **Greuze**. Etude pour paysage. Teintée avec vigueur ; sanguine.

249 **École italienne**. Beau trophée d'armes romaines. Très-fin, lavé à plusieurs couleurs.

250 **École française**. Beau dessin, destiné à un
monument Louis XV. A la plume, lavé d'encre.

251 **Carrache** (A.). Belle étude d'arbres. A la plume, lavée de sépia, marque de collection.

252 **Boitard**. Religieux faisant l'aumône. Dessin à la plume.

253 **Lesueur** (E.). Sainte Catherine ; charmante d'expression. Beau dessin au crayon noir, rehaussé, marque de collection.

254 **Girodet**. Deux amoureux dans un bosquet. Dessin au crayon noir. Il a été gravé.

255 **Demarteau**. Charmante étude de femme. A la sanguine, gravée par lui d'après Boucher.

256 **Gros** (Baron). Fronton pour l'Histoire romaine. Dessin à la plume, lavé de sépia.

257 **Demarne**. Beau paysage. Lavé d'encre de Chine.

258 **Fragonard**. Jardin avec personnages. Petit dessin, à la plume, lavé d'encre.

259 **Vanni** (C.) Jeunes gens faisant l'aumône à un vieillard. Dessin à la sanguine.

260 **École française**. Dessin mythologique sur vélin. A la plume, lavé d'encre.

261 **Detroy**. Beau dessin d'histoire. A la sépia, rehaussé de blanc.

262 **Huet**. Station de voyageurs. Dessin à la plume, lavé d'encre, marque de collection.

263 **Poussin** (N.). Enfants jouants. Deux dessins à la plume, lavés d'encre.

264 **Watteau** (de Lille), **Drouais**, etc. Trois portraits de femme du xviiie siècle. Dessins au crayon noir et lavés de sépia.

265 **Wille**, 1784. Joli portrait de femme. Crayon noir.

266 **École française.** Portrait d'un peintre. Dessin à la plume, lavé de sépia.

267 **Anonyme.** Dessin d'une grande finesse, les figures ont beaucoup d'expression. Lavé à l'encre de Chine.

268 **Fragonard.** Trois bons croquis. A la plume, lavé de sépia.

269 **Moreau le Jeune.** Danseur et danseuse d'un corps de ballet, charmants costumes du temps de Louis XIV. A l'aquarelle. Seront divisés.

270 **Desrais.** Le levé des ouvrières en mode. Joli dessin à la plume, lavé d'encre.

271 **Moreau le Jeune.** Deux petits dessins à la plume. Lavés de carmin.

272 **Fragonard.** Plusieurs petits personnages à la promenade. Curieuse et charmante petite aquarelle.

273 **Schaal, Duplessis.** Petit costume Louis XV. Aquarelle, et militaire au bivouac. Dessin au bistre, deux pièces.

274 **Fragonard** et **autre.** Étude vigoureuse de femme. Crayon noir, et un croquis à la plume ; deux pièces.

275 **École française.** Sujet de femme. Dessin à la sépia, et un petit paysage à la gouache.

276 **Nattier.** Portrait de femme. Dessin à la sanguine, rehaussé.

277 **Moreau.** Vue d'un village. Aquarelle terminée.

278 **Van Goyen.** Joli paysage. A la plume, lavé d'encre.

279 **Moreau le Jeune, Ingouf.** Deux dessins pour vignette. A la plume, lavé d'encre.

280 **Debucourt**. La mère complaisante. Curieuse aquarelle.

281 **Moreau le Jeune.** Dessin pour livre. Lavé à l'encre de Chine.

282 **Robert** (Hubert). Halte de soldats. A la sépia, et un portrait de femme. Aux deux crayons.

283 **Cochin, Desrais.** Deux dessins pour livres. A la plume, lavés d'encre.

284 **Eisen, Robert** (Hubert). Un dessin pour livre. Aquarelle, et un enterrement. Dessins lavés de sépia.

285 **École française.** Intérieur démembré d'une cour de la Bastille. Plume et encre, et Alexandre et Démosthène. Plume et sépia, deux pièces.

286 **Tintelo.** 1619. Femme et enfant. Dessin à la plume.

287 **École allemande.** Homme d'arme tenant l'écusson aux armes d'Autriche. Dessin à la plume, et lavé de sépia. Signé.

288 **Gillot. Bakhuisen.** Acteur et une marine. Dessins à la plume, lavés d'encre.

289 **Parocel.** Cavalier vu par derrière. Joli croquis à la plume.

290 **Lebrun.** Dessin pour plafond. A la plume, lavé de sépia.

291 **Blocmaert, Primatice**, etc. Trois dessins à la plume. Lavés d'encre.

292 **Bosio, Anonyme.** Dessin pour statue et sujets religieux. A la plume lavés d'encre; trois pièces.

293 **Ingres**. Belle étude pour un de ses tableaux. Beau dessin rempli d'expression, au crayon noir, rehaussé de blanc. Sous verre.

294 **Isabey** (E.). Vue prise à Vitré en Bretagne. Sous verre.

295 **Bellangé** (Hip.). Homme malade assis dans un fauteuil, son chien veille auprès de lui. Dessin à l'aquarelle. Sous verre.

296 **Daubigny**. La Esméralda conduite au supplice. Belle composition, charmant dessin à la mine de plomb, rehaussé de blanc. Sous verre.

297 **Charlet**. Vieillard indiquant la route à un ⬤dat. Charmante aquarelle.

298 **Penguilly**, 1844. Un tournoi au xv⁰ siècle, encadré. Dessin très-fin à la mine de plomb. Sous verre.

299 **Johannot** (Tony). La toilette de la mariée sous Louis XIII. Charmante aquarelle. Sous verre.

300 **Daubigny**. Dessin très-fin pour l'œuvre de C. Delavigne, *Louis XI* n'a pas été gravé. Mine de de plomb, rehaussée.

301 **Ouvrié** (Justin). Une vue d'église avec procession. Aquarelle. Sous verre.

302 **Coppey-Fielding**. Petite vue d'une barque en mer. Petite aquar. d'une grande vérité. Sous verre.

303 **Roberts**. Intérieur d'église avec procession au fond. Belle aquarelle. Sous verre.

304 **Lami** (E.). Lancier de la garde se préparant à monter à cheval. Belle aquarelle encadrée.

305 **Lecomte** (Hip.), 1825. Épisode militaire. Aquarelle, sous verre.

306 **Joyant**. Vue prise à Venise, d'un bel effet. Aquarelle, sous verre.

307 **Gros** (Baron). Cosaque à cheval. Charmante aquarelle gouachée, sous verre.

308 **Raffet**. Le maréchal Gérard passant une revue. Jolie aquarelle, sous verre.

309 **Johannot** (Tony). Vieillard donnant sa bénédiction à une jeune fille. Aquarelle non terminée, sous verre.

310 **Plats**, célèbre peintre anglais. Une maison à Édimbourg. Vigoureuse aquarelle, sous verre.

Géricault. Épisode de Paul et Virginie. Aquarelle remplie de sentiment. *Rare.* Voir au verso.

312 **Villeret**. Vue d'une église avec personnages. Aquarelle.

313 **Raffet**. Louis-Philippe et ses deux fils à la Chambre des députés. Jolie petite aquarelle, sous verre.

314 **Bonnington**. Vue d'un vieux pont, très-beau d'effet. Aquarelle gouachée, sous verre.

315 **Vernet** (Carle). Homme et femme. Costume de la Restauration. Aquarelle bien terminée.

316 **Finart**, 1830. Épisode militaire de 1814. Aquarelle.

317 **Roberts**. Joli intérieur d'église avec personnages au fond. Aquarelle, sous verre.

318 **Villeret**. Jolie vue d'une église avec personnages. Aquarelle.

319 **Bonnington**. Barques sur l'eau, croquis bien traité, au bistre.

320 **Ciceri** (Eugène). Joli dessin pour décor, gouache.

321 **Isabey**. (E). Entrée d'un seigneur dans une ville, époque Louis XIII, charmant croquis à l'aquarelle, sous verre.

322 **Villeret**. Vue d'une église avec personnages. Aquarelle.

323 **Dueis**. Le Tasse chez la duchesse de Ferrare, dessin miniature à plusieurs teintes, d'une grande finesse ; il a été payé 150 fr. Sous verre.

324 **Saint-Auguste**. Petite miniature, femme tenant un petit enfant sur ses genoux. Aquarelle sous verre, d'une grande finesse.

325 **Mallet**, 1823. Dame remettant une lettre à un homme endormi. Aquarelle d'une grande finesse.

326 — 1823. Femme malade, rassurant ses enfants sur son état. Aquarelle très-fine

327 **Michel**. Vue d'une route aux environs de Paris. Aquarelle, belle perspective.

328 **Jules Noël**. Vue d'un port de mer. Aquarelle, sous verre.

329 **Ciceri** (Ernest). Cinq petits paysages à la gouache. Sous verre.

330 **Adam** (Victor). Combat d'un toréador avec un taureau. Mine de plomb.

331 **Luna** (Comte de). Artilleur de la garde. Gouache, sous verre.

332 **Coignet** (Jules). Vue d'un pont. Belle aquarelle. Sous verre.

333 **Delépine**. Vue prise aux environs de Rouen. Aquarelle.

334 **Vernet** (Horace). Dessins sur cartes, à la plume, lavés de bistre.

335 — Portrait de Mlle Vernet, par son père ; une petite tête, par le comte de Forbin, et un lièvre cou-
rant. Aquarelle.

336 **Isabey**. Portrait du duc de Wellington, à la
sépia. Sous verre.

337 **Roqueplan** (Camille). Une visite chez Mme de
Sévigné. Joli croquis à l'aquarelle.

338 **Lami** (E). Joli petit costume de mode. Aquarelle.

339 — Coiffures et costumes pour mode. Aquarelle,
sous verre.

340 **Roqueplan** (Camille). Homme indiquant le
chemin à des passants. Aquarelle.

341 **Drolling**. Intérieur de cuisine, à l'encre de
Chine.

342 **Luna** (Comte de). Épisode des guerres de l'Empire. Aquarelle.

343 **Anonyme**. Paysages, études, lavés à la sépia et
à l'aquarelle. Trois pièces.

344 **Oscard Gué**. Deux petits paysages, lavés au
bistre.

345 **Anonyme**. Combat sous l'Empire, joli petit dessin au bistre.

346 **École anglaise**. Caricature anglaise. Aquarelle.

347 **Anonyme**. Costume militaire prussien, très-fin,
à la gouache.

348 **Bonnington**. Vue d'une côte, lavée au bistre.

349 **Ciceri**. Quatre petits paysages, à la gouache.

350 **Anonyme**. Cheval à l'écurie, au bistre, et un
dessin de tapis. Aquarelle.

351 **Lazerehe**. La Résurrection; belle étude, bien des-
sinée, au crayon noir, rehaussée de blanc.

352 **Garneray**. Deux dessins, plume et sépia.

353 **Marilhat, Redouté, Revoil, Michel**. Huit dessins, avec un écusson à la gouache, rehaussé d'or.

354 **Anonyme**. Petit portrait de Mlle Mars, non terminé, à la mine de plomb, sous verre.

355 — Petit oiseau sur une branche, peinture d'une grande finesse, avec le monogramme H. V.

356 **Pillement**. Paysage avec torrent. Crayon noir.

357 **Moreau** (le jeune). Portrait d'homme sous Louis XVI, à la mine de plomb. Encadré.

358 **Leprince**. Dessin d'une jolie composition, à la plume, lavé d'encre.

359 — Pendant du précédent.

360 **École française**. Bivouac de Moutiers, joli dessin à la plume, lavé de sépia.

361 — Personnages dans un parc, joli petit dessin à la plume, lavé de sépia.

362 **Leprince**. Seigneur offrant le produit de sa chasse à des dames, jolie esquisse sur papier.

363 **Anonyme**. Petit portrait d'une Suissesse. Mine de plomb.

364 **École italienne**. Sentinelle veillant, charmante petite étude, peinte sur papier.

365 **Carle Maratte**. Belle tête de femme, à la sanguine, rehaussée.

366 **Lafosse** (C.). Beau dessin pour plafond, vigoureusement lavé à l'encre.

367 **Bloemaert**. Berger causant avec une femme, dessin lavé d'encre, rehaussé de blanc.

368 **Vanloo** (Carle). Belle étude de tête aux trois crayons, encadrée, avec marque de collection.

369 **École flamande.** Dessin du seizième siècle, bien fini, à la plume, lavé d'encre.

370 **Saint-Aubin** (de), l'amateur d'estampes. Petit dessin à la plume, lavé d'encre.

371 **Jouvenet.** Deux dessins religieux. A l'encre et à la sépia.

372 **École française.** Dessin pour monument avec portrait à la plume, lavé d'encre.

373 — Dessin pour monument expiatoire. Aquarelle.

374 **Nicolle, Boilly.** Romains priant. Aquarelle, et une étude de femme. Au crayon rehaussé de blanc.

375 **École italienne.** Dessins religieux. A la plume, lavés d'encre, deux pièces.

376 **Guardi.** Vue d'un pont. Aquarelle d'une grande vigueur, bel effet.

377 **Baaur** (W.) et **Anonyme.** Joli croquis. Lavé d'encre, et un Joueur de musette sur parchemin. A la plume.

378 **Marillier.** Les vendanges. Dessin à la plume, lavé d'encre, sous verre.

379 **Cochin.** Joli petit dessin pour monument. A la sanguine.

280 **Petitot**, 1760. Élévation d'une fontaine. Grand dessin d'architecte à la plume, lavé à plusieurs couleurs, la gravure est avec.

381 **École italienne.** Trois petits dessins. A l'aquarelle.

382 — Huit dessins de costumes. A la plume et aquarelle.

383 **Van Uden** (Lucas), **Fragonard**, **Courtin**, etc. Trois beaux dessins.

384 **Pinelli**, **Le Guide**, etc. Trois dessins, dont une vue d'Heidelberg.

385 **Van der Meulen**, **Cortone** (P. de). Trois dessins. Sanguine et crayon noir.

386 **Cochin**, **Palmerius**, **Jouvenet**. Trois beaux dessins, dont un aux trois crayons.

387 **Robert** (Hubert). **Lemoine**, etc. Quatre dessins.

388 **École française**. Étude de femme peinte et un petit portrait. Mine de plomb, deux pièces.

389 **Guerchin. Cortone** (P. de), etc. Trois beaux dessins. A la sanguine.

390 **École italienne.** Cinq dessins, dont un à la sanguine, bien traité.

391 **Girodet**, etc. Trois dessins.

392 **Anonyme.** Cinq dessins d'architecture. Bien lavés.

393 — Onze petites études.

394 **Finart.** Vingt croquis. A la plume et à la sépia.

395 **Oppenord.** Dessin pour architecte. A la plume, lavé d'encre rouge, sous verre.

396 **École française.** Six bons dessins. Plume et sépia.

397 **Lafosse. Parocel.** Trois grands dessins. A la plume, lavés d'encre.

398 **École française.** Quatre dessins, dont un d'après Boucher, bien fini, aux trois crayons.

399 **Nicolle**. Six vues de Rome. A l'aquarelle et au bistre.

400 **École française**. Sept dessins, dont un joli paysage à la plume, lavé d'encre.

401 — Quatre dessins, dont un jeune garçon, à la sépia, bien terminé.

402 Un gros volume de dessins.

403 Un fort lot de dessins.

404 Sous ce numéro seront vendus les dessins omis.

Renou et Maulde, imprimeurs de la Compagnie des Commissaires-Priseurs, rue de Rivoli, 144.   19538